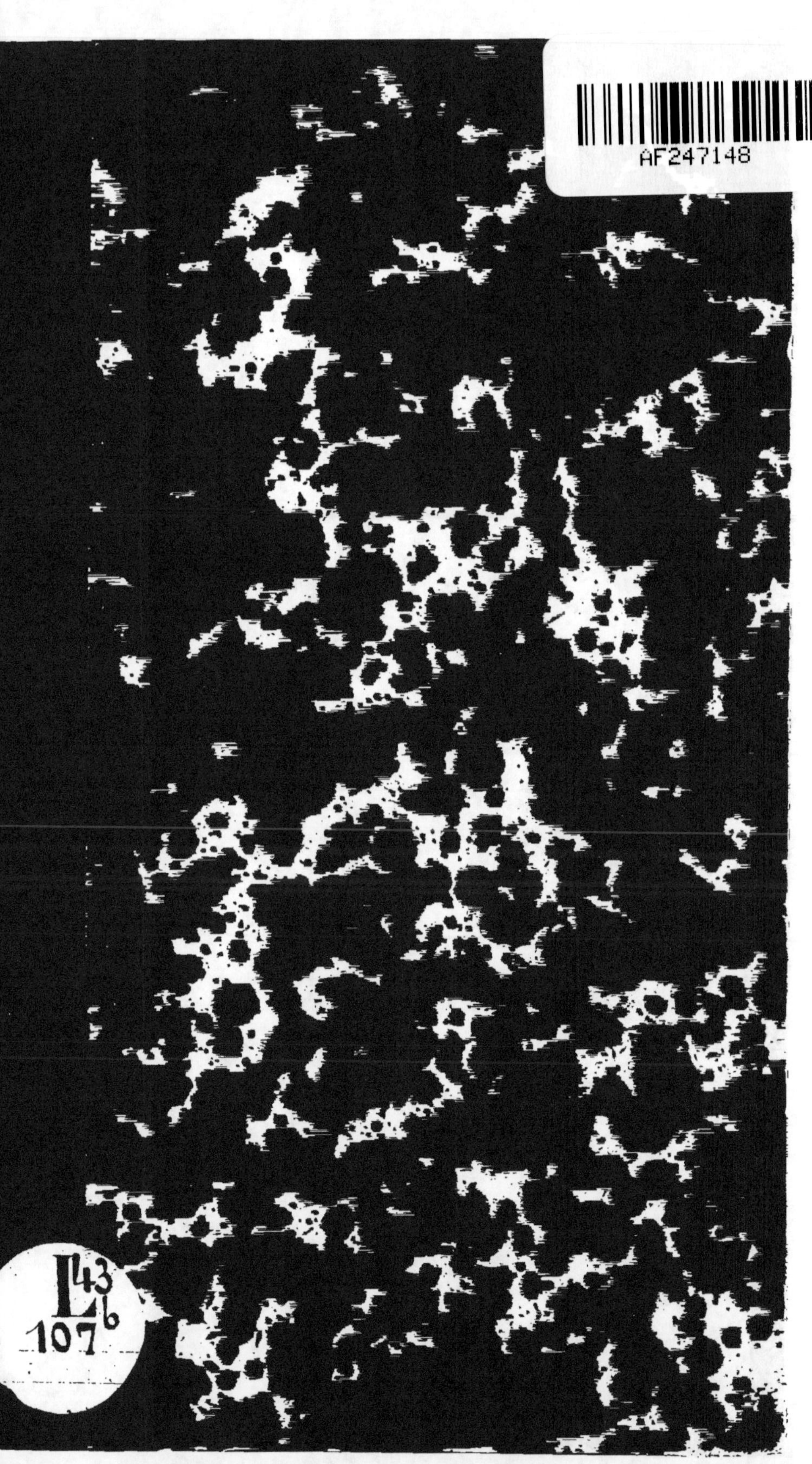

# LES
# DÉPARTEMENS RÉUNIS,

## PARTIE ESSENTIELLE

## DU TERRITOIRE DE LA FRANCE,

*Dans le rapport de sa tranquillité, de son commerce, de son économie politique et de la stabilité de la paix.*

## PAR LE C.<sup>en</sup> CRIQUILLON,

Iuspecteur des mines du Département de Jemmape.

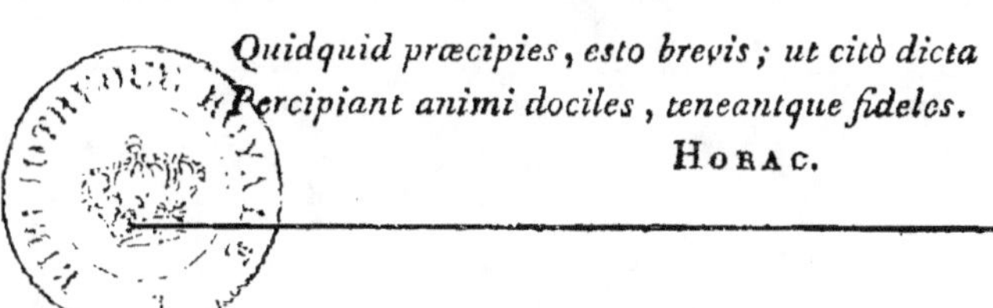

*Quidquid præcipies, esto brevis; ut citò dicta Percipiant animi dociles, teneantque fideles.*

HORAC.

# A PARIS,

Chez DEBRAY, libraire, palais du Tribunat;
Chez HOCQUART, libraire, rue de la Harpe, n°. 239;
Et chez les principaux libraires des Départemens réunis.

AN VIII.

# LES

# DÉPARTEMENS RÉUNIS,

## PARTIE ESSENTIELLE

## DU TERRITOIRE DE LA FRANCE,

*Dans le rapport de sa tranquillité, de son commerce, de son économie politique et de la stabilité de la paix.*

---

REMONTER aux causes d'une révolution qui a rempli le monde d'étonnement, en retracer les secousses, les funestes fluctuations, ses périodes sanglantes ; dépeindre ses mouvemens volcaniques, suivre la lave brûlante

de ses éruptions : ce seroit rappeler de tris-
tes souvenirs; ce seroit entreprendre un récit
qui n'appartient qu'à l'histoire du déborde-
ment de toutes les passions.

Grâces immortelles soient rendues au génie tutélaire qui soutient les destinées de
la France ! grâces immortelles soient rendues aux braves armées dont l'héroïsme éton-
nera la postérité la plus reculée ! c'est sur
l'aspect consolant d'une paix prochaine, que
l'on peut maintenant reposer l'attention fa-
tiguée par le détail des désordres et des cruau-
tés qui ont affligé l'humanité pendant plusieurs années.

Ce que l'on appeloit *faction des anciennes
limites*, a prétendu, il n'y a pas long-tems,
que la restitution de la Belgique devoit être
la base d'une pacification générale ; que la
conservation de cette conquête seroit **un**
chancre politique ; qu'elle seroit pour la
France le germe d'une guerre perpétuelle avec
l'Autriche et l'Angleterre.

N'est-ce pas comme si cette faction eût dit
que ces deux puissances étoient invincibles?
n'est-ce pas comme si elle eût dit que la
France, même au milieu de ses triomphes,

ne pouvoit se dispenser de donner des mar-
quesdéshonorantes d'une infériorité craintive
et imaginaire ? n'est-ce pas comme si elle eût
dit que, dans le plan d'une pacification générale , il falloit que par une condition prélimi-
naire on laissât à la coalition l'ascendant
d'une initiative incompatible avec l'existence
ou tout au moins avec la tranquillité de la
République françoise?

Mais la France pouvoit elle perdre de vue
le motif de la triple alliance qui existoit alors
entre la Russie , l'Autriche et l'Angleterre ?
pouvoit-elle se dissimuler que ces puissances
étoient convenues de river de nouveau les fers
de l'Europe ? pouvoit-elle ne pas remarquer
les vues particulières du gouvernement anglois ?

Celui-ci étoit trop opposé au nouvel ordre
des choses, pour ne pas en chercher la destruction. Son or corrupteur lui en fit imagi-
ner le renversement ; ce fut à l'ombre d'un
rapprochement insidieux qu'il en prépara le
plan ; ce fut par des propositions d'une paix
inadmissible dans les conditions qu'il fit voir
le but perfide de ses négociations.

Sans doute qu'alors, comme à présent, l'humanité réclamoit la paix ; elle étoit l'objet de tous les vœux , elle étoit l'unique désir qui remplissoit les cœurs ulcérés par les froissè-mens de la révolution: mais si l'on n'y eût pris garde , c'étoit par l'affaissement des peuples qui se sont rangés sous les étendards de la liberté , que la coalition prétendoit opérer sourdement l'anéantissement de la République françoise. La France a su apprécier les vues tortueuses du cabinet anglois ; elle a su que , dans la réalité , le traité alors offert pouvoit la conduire dans un sommeil léthargi-que , et que cet état soporeux ne seroit que l'avant-coureur du honteux esclavage qui lui étoit réservé ainsi qu'aux plus belles contrées de l'Europe.

Elle n'a donc pu, elle doit, encore moins que jamais, renoncer aux avantages de sa supério-rité : sa puissance militaire éprouvée par des revers et des succès, qui la placent maintenant au-dessus des vicissitudes de la fortune , ses victoires éclatantes, les vues pures de son gou-vernement , lui assurent aujourd'hui toute la considération due à son élévation. Dans un autre ordre des choses , elle pourra aussi obtenir la prééminence dans le rapport de sa prospérité intérieure et du déployement de son économie politique.

Par la même raison que l'Angleterre prétend à l'empire exclusif des mers, la France ne doit-elle pas conserver une puissance continentale qui puisse affoiblir les efforts de sa rivale? autrement, n'est-ce pas accroître volontairement les forces de celle-ci? ne seroit-ce pas lui prêter sans aucune réserve tous les élémens d'un commerce colossal? ne seroit-ce pas soumettre les besoins de la consommation à son plan d'exclusion et à l'avidité de ses spéculations? ne seroit-ce pas donner de l'extension à ces deux corrélations, les deux principes constamment en action de sa politique commerciale? ne seroit-ce pas donner une nouvelle force à l'intensité du monopole révoltant qu'elle veut exercer sur les trois quarts de l'Europe? ne seroit-ce pas lui abandonner la navigation sur les principaux fleuves que la France tient maintenant sous sa domination? ne seroit-ce pas, d'un autre côté, préparer à celle-ci cet état d'atonie politique qui lui feroit perdre insensiblement le fruit de ses victoires?

Après une lutte qui change totalement

les forces comparatives des puissances de l'Europe, l'ancienne échelle politique paroît une mesure gothique que l'on peut abandonner sans inquiétude aux diètes de l'Empire Germanique; mais la France peut-elle aujourd'hui se dispenser de substituer à ce que l'on appeloit système d'équilibre, un nouveau plan qu'elle pût opposer à sa rivale, en dirigeant contre elle le poids même des invasions de celle-ci ?

Autant elle a donné d'accroissement à son commerce colonial, autant la France doit résister aux exportations de l'Angleterre sur-tout dans les objets susceptibles de concurrence. Ce plan, bien suivi, peut affoiblir le commerce anglois; il peut, au contraire, contribuer à la réparation des pertes de la France, parce que celle-là peut se voir dans l'impuissance de suivre les vues gigantesques de son gouvernement, tandis que celle-ci, attachée à un plan de régénération qui convient à la reproduction de ses richesses territoriales, n'employera que des moyens ordinaires pour assurer sa prospérité, en attendant que le rétablissement de sa marine lui permette de suivre un autre dessein digne d'une grande nation pour qui l'indépendance est devenu le besoin le plus impérieux.

La réunion des Départemens dans toute la circonférence de la ci-devant Belgique, est un des chaînons qui tiennent essentiellement à l'exécution de ce plan : la position topographique de cette contrée, centre des échanges d'un grand commerce, sa population, l'immensité de ses ressources surtout en extraction de matières premières ; la fécondité de ses terres, qui assigne le premier rang à son agriculture et à son nombreux bétail ; ses nombreuses et abondantes forêts, qui contribueront beaucoup au rétablissement et au maintien des forces maritimes de la France ; la facilité d'y établir des chantiers commodes et abondamment pourvus pour la construction des vaisseaux : tout invite la République françoise à conserver une conquête cimentée par le sang de ses défenseurs.

N'est-ce pas d'ailleurs dans ses conquêtes que la France peut trouver une compensation des sacrifices qu'elle a dû faire ? n'est-ce pas par le produit même de ses victoires qu'elle peut réprimer la jalousie constamment active de ses ennemis , en se donnant à elle-même une consistance qui accroisse les forces de son empire aux dépens de ces derniers.

Les efforts combinés de l'Angleterre et de l'Autriche, démontroient bien toute l'importance de cette conquête : autant elle étoit un sujet d'inquiétude pour ces deux puissances, autant sa conservation convenoit à la France, et sous le rapport de sa défense militaire, et sous le rapport de son commerce et de ses finances.

Point de paix solide pour la France si elle eût abandonné la Belgique : elle a été constamment un foyer d'agression ; elle présente plusieurs points de contact qui ont fait voir dans tous les tems que c'est par cette direction que l'on pouvoit entamer efficacement les villes de première ligne ; c'eût été renoncer imprudemment à une contrée dans laquelle les ennemis de la France ont pu constamment réunir les élémens essentiels à la promptitude d'une attaque.

Les tentatives faites pendant la campagne de l'an 2 ( 1793 ) démontrèrent le danger d'avoir près de soi un ennemi redoutable : la

guerre civile, combinée avec l'attaque des pla-
ces du département du Nord , auroit amené
la ruine de la France , sans les efforts des
braves armées qui ont repoussé la coalition.

Sous le rapport des finances , les Départemens réunis ne sont pas moins essentiels
à la France : le produit des domaines et des
impôts pouvoit beaucoup contribuer à la res-
tauration de ses finances; avantage alors pré-
senté non comme un résultat momentané ,
mais comme un objet régulièrement pro-
ductif, ainsi qu'il l'a été sous la domination
de la maison d'Autriche.

Les impôts et les subsides annuels que la
Belgique a envoyés à Vienne, sans que l'Allemagne lui offrît quelque objet de compensation , étoient le produit régulier d'un enlè-
vement fait sans aucun retour : il falloit donc
que les Belges trouvassent dans leur industrie , dans leur agriculture et dans leurs relations commerciales , le moyen de soutenir
cet épuisement périodique.

Leur commerce avec la France a constamment réparé cette perte : c'est ce qui a
été démontré, sous le règne de Joseph II, par
la comparaison du produit des exportations

de la Belgique avec celui des importations par la France. Il a été reconnu, par le terme moyen d'une année commune sur dix, d'après un renseignement puisé dans les registres des douanes autrichiennes, que le premier article s'élevoit régulièrement de dix-neuf à vingt millions, tandis que le second n'atteignoit tout au plus qu'une somme de dix millions de livres.

Cette comparaison n'étant relative qu'aux échanges de la ci-devant Belgique avec la France, il en résultoit qu'en tems ordinaire, la réciprocité des besoins pouvoit entraîner annuellement une différence de huit à dix millions au profit de la Belgique ; perte effrayante pour la France, si l'on considère que cette perte devoit sa naissance et son retour régulier à des objets d'une consommation habituelle, et par conséquent de première nécessité.

C'étoit donc à la France que la Belgique devoit et doit encore toute sa richesse ; ce qui s'apercevoit facilement dans le cours ordinaire des relations de celle-ci avec l'Allemagne, l'Angleterre et la Hollande ; ces relations la mettoient totalement dans un état passif, circonstance dont l'empreinte étoit visible dans le fonds même de la circulation monétaire, alors composée d'écus de France, les pièces étrangères et autres au coin de la maison d'Autriche, n'ayant fait qu'un quart au plus de ce même fonds dans la Belgique.

Tout démontre donc qu'il eût été et qu'il seroit encore impolitique à la France de se livrer au système des restitutions dans le sens de la *faction des anciennes limites* : elle ne pouvoit s'y soumettre sans se dégrader et sans se placer volontairement dans la classe des puissances du second ordre. C'est bien là que tendoit la politique de l'Angleterre ; les déchiremens d'une guerre perpétuelle et sanglante sur le continent de l'Europe, font voir que rien ne lui coûte, pourvu que le despotisme de son commerce exclusif puisse atteindre les peuples qu'elle prétend enchaîner par le besoin de la consommation.

Il est, parmi les nations, des affinités politiques qui semblent commander l'association des peuples : n'est-ce pas dans les causes physiques que se trouve le principe du rapprochement qui doit cimenter la réunion de différentes parties du continent ? n'est-ce pas alors qu'unis par l'intérêt, la jonction de ces peuples tendra vers le même but, la prospérité commune, sous les lois paisibles de la concurrence que la nature du sol ou de la position établit dans chaque localité? n'est-ce pas alors que les causes morales, relativement aux habitudes et au caractère de ces mêmes peuples, ne seront plus que des considérations du second ordre, sur - tout quand c'est la nature des choses qui invite à une association fondée sur la réciprocité des besoins et sur l'identité des intérêts mutuels?

Pouvoit on conseiller l'abandon de la Belgique, lorsque la France ne pouvoit faire le sacrifice de cette conquéte sans se rendre immédiatement tributaire de l'Angleterre et de l'Autriche, puisqu'en dernière analyse, ce sont ces deux puissances qui ont constamment soutiré le numéraire que la France ne pouvoit se dispenser de verser dans les Pays-Bas (1)?

Pouvoit-on d'ailleurs restituer la Belgique sans consentir à l'établissement d'un point

---

(1) Dénomination qui désignoit la Belgique, aujourd'hui divisée en neuf Départemens réunis.

intermédiaire entre l'Allemagne et la République françoise, dans une position autant à redouter dans le régime militaire de celle-ci, que nuisible aux effets de son commerce? C'étoit donc compromettre visiblement et sans aucune espèce de compensation sa tranquillité et sa prospérité : aussi ses ennemis les plus décidés n'ont cessé de regarder les Départemens réunis comme un point d'appui qui a constamment servi de levier pour contre-balancer la force et la grandeur de la France. C'est sans doute cette considération qui a toujours guidé la politique de l'Autriche dans les efforts qu'elle a faits pour conserver cette contrée.

Elle convient donc à la France sous le rapport de sa défense militaire, de son commerce et de ses finances ; comme la France convient à la Belgique sous le rapport de sa tranquillité, du besoin d'une puissante adoption et de l'état le plus heureux auquel elle puisse aspirer.

Affoiblir d'une part les exportations qui font la richesse des ennemis de la France ; oblitérer cette force digestive seul soutien du prix énorme de la main-d'œuvre dans la ma-

nutention des exploitations angloises; accroître d'une autre part l'indépendance du commerce continental et des produits territo-
riaux de la France en leur donnant tout le
surhaussement dont ils sont susceptibles dans
les concurrences étrangères; c'est étayer doublement la prospérité de celle-ci.

Le commerce des denrées coloniales et de
l'Inde est loin de faire la principale partie des
richesses de l'Angleterre ; c'est dans l'exploitation de ses mines, c'est dans son économie politique, qu'elle a trouvé l'origine de son
opulence, et successivement de sa force ma-
ritime.

C'est dans la liberté de l'Escaut, c'est dans
la liberté de la navigation sur les autres fleuves, c'est dans le rétablissement et le libre ac-
cès des ports de la Belgique, spécialement du
port d'Anvers, qui porte singulièrement om-
brage à la politique angloise, soit sous le rapport du commerce, soit sous le rapport de la
marine militaire de la France; c'est enfin dans
l'exploitation mieux entendue des mines nombreuses et intarissables des départemens de
Jemmape, de Sambre-et-Meuse, de l'Our-
the, etc., que celle-ci pourra puiser les élé-

mens d'une concurrence trop long-tems as-
servie aux vues exclusives de l'Angleterre.

L'avantage de sa position insulaire, ses
primes d'encouragement, agissent dans le
sens inverse de la destruction des routes et
du mauvais état des canaux, les principaux
fondemens de la prospérité de la Belgique;
ce qui est facile à calculer, pour peu que l'on
fasse attention que les exploitations qui ali-
mentent le commerce des Départemens réunis, particulièrement du département de
Jemmape, ne se soutiennent qu'en proportion de la facilité des transports.

Tout est lié, tout doit être cohérent dans
l'assemblage des parties qui constituent l'économie politique : si jamais l'industrie a pu in-
voquer l'empire de la liberté, c'est dans les
travaux souterrains, c'est dans l'exploitation
des mines qu'elle doit en avoir fait le premier
appel; mais autant cette branche importante
a dû être dégagée des entraves de la féodalité,
autant elle doit être surveillée, pour que jamais elle ne soit en butte à la cupidité des
extracteurs (1).

_______________

(1) Il est même infiniment essentiel de la prémunir

2

La cause primitive des abus dont l'empreinte existe encore dans cette partie importante des richesses premières, remonte à l'origine des concessions : subordonnée aux caprices des ci-devant seigneurs, on ne voyoit dans l'exploitation des mines que le seul produit du fisc ; eux seuls avoient le droit d'accorder des permissions ; eux seuls en déterminoient l'étendue ; eux seuls imposoient des droits sur l'action même du commérce.

Sans plan, sans combinaison dans cette partie précieuse des richesses nationales, la coupe échiquetée des concessions, autorisée par des lois gothiques, n'avoit qu'une seule mesure, celle qui étoit commandée par la division et la séparation des fiefs nombreux ; comme si la nature avoit dû se prêter à la bisarrerie des démarcations féodales.

La suivre, au contraire, d'après le profil uniforme de l'organisation de la terre, en diriger la recherche d'après ce grand régulateur, dans l'épanchement même de ses

---

contré les funestes effets d'une malveillance dont l'idée, quoique facile à concevoir, ne doit pas être rendue publique.

bienfaits ; telle est la seule théorie à suivre pour assurer l'amélioration de cette partie de l'économie politique.

Tel est aussi le plan d'après lequel il est possible de donner au bien public tout l'ascendant qu'il doit avoir sur des choses qui intéressent éminemment la prospérité générale: elle désavoue maintenant ces intermittences nombreuses, ces morcellemens absurdes qui accusent l'ignorance de l'ancien régime.

Des Départemens réunis, celui de Jemmape est le plus remarquable par ses productions minérales ; elles sont si abondantes, qu'à travers les tiraillemens d'un fisc accablant, elles ont suffi aux besoins de la Hollande et des départemens circonvoisins : elles suffisent toujours à ces mêmes besoins, mais d'une manière extraordinairement dispendieuse, mais d'une manière qui n'en assure pas la durée, mais d'une manière qui se prête au renchérissement du monopole, mais d'une manière enfin qui rend impossible ce développement constamment reproductif objet essentiel d'une sage prévoyance.

Ecrasé autrefois par le fardeau des prohibitions, ce département est susceptible du

plus grand essor sous les lois vivifiantes de
la France régénérée : c'est alors que par l'ar-
rondissement de ses relations commerciales, il pourroit devenir un des grands ate-
liers de la République françoise ; c'est alors
que, dans un cercle très-étendu , il fourniroit
abondamment aux besoins des fabriques; c'est
alors qu'écartant la concurrence de l'Angleterre dans la vente des combustibles tant en
Hollande que dans les départemens circonvoisins , il pourroit, par un retour nécessaire , augmenter l'abondance dans l'intérieur. Effectivement, il seroit très-possible que
les exportations de ce même département par-
vinssent à Paris , et que, fournissant aux besoins de cette immense cité , il lui procurât
des avantages incalculables : c'est par la navigation en partie fluviale , en partie artifi-
cielle , que cette précieuse communication
pourroit être établie.

Par l'un des trois canaux projetés de Paris à l'Oise , on déboucheroit dans cette ri-
vière , que l'on remonte jusqu'à Chauny,
où , parvenu au canal de Crozat, on conti-
nue la navigation jusqu'à Saint-Quentin ; de
là , par le canal souterrain commencé, l'on

parviendroit à Cambrai sur l'Escaut; de Cambrai à Bouchain en descendant le cours de ce
fleuve; de Bouchain à Douai par le canal commencé en 1792, ou plutôt par un autre que
suggère la réunion de la Belgique à la France,
dans la direction de Bouchain à Condé, où
se trouvent d'ailleurs les belles mines d'An-
sin, de Fresnes et de Vieux - Condé : finale-
ment de Condé l'on parvient facilement dans
le département de Jemmape, par le secours
de la navigation actuelle, en attendant que
des jonctions et d'autres établissemens pro-
curent une communication mieux entendue
avec les autres points de la Belgique.

L'ensemble territorial et topographique
de la France touche à la Méditerranée et à
l'Océan dans la plus grande partie de sa
circonférence : par-tout il est arrosé par des
fleuves, des rivières, des sources ; par-tout
la nature permet l'établissement des canaux
d'art, des jonctions pour les communications, des canaux d'irrigation pour la fécondité du sol : il ne faut donc que des tems
calmes pour élever son commerce au plus
haut degré de prospérité.

Les départemens qui sont maintenant au

nord de la France, spécialement ceux qui comprennent la ci-devant Belgique , ne laissent aucun doute sur l'immensité des avantages d'une grande communication avec l'intérieur : c'est-là que les richesses disponibles sont dans toute la plénitude des profusions de la nature ; c'est par-là que les relations commerciales avec la Hollande, la Prusse , l'Allemagne , les villes anséatiques , offrent les avantages d'une heureuse position ; c'est par-là qu'il faut propager sans intermittence l'action et la réaction du principal commerce de la France ; c'est enfin par-là que Paris , une fois devenu la veine pulmonaire de l'Etat , seroit le premier entrepôt du commerce de l'Europe, comme il est déjà celui des sciences et des arts.

Le goût des monumens, naturalisé en France, dérive d'un caractère décidé pour les grandes entreprises : diriger ce goût vers les objets d'une utilité première, ce seroit le comble de la sagesse de la part du gouvernement : c'est alors que retirant des hommes et des choses tous les avantages dont ils sont susceptibles dans la véritable progression de la force et de l'accroissement de l'Etat, la prospérité générale seroit constamment le type de ses institutions ; c'est alors que le produit des arts se plaçant lui-même à la suite de l'opulence, en feroit le plus bel ornement, sans laisser le regret d'un meilleur emploi de la richesse ; c'est alors qu'une grande nation, appréciant elle-même la propension de ses destinées, suivroit, avec ordre, les degrés à parcourir avant d'atteindre à sa véritable grandeur.

Les monumens fastueux de l'Italie n'ont pas précédé la force et la gloire de l'empire romain ; ils ont été la suite et le résultat des événemens qui ont donné de l'éclat à sa grandeur : effectivement, le témoignage des siècles qui se sont écoulés depuis la destruction de cet empire, apprend à la postérité que c'est aux conquêtes de cette fière république, que Rome doit l'étonnante conception de ce Capitole, majestueux assemblage des trophées d'un peuple belliqueux.

Si les sommes immenses qui ont été employées à la construction du Panthéon françois, l'eussent été pour rendre Paris accessible aux gros vaisseaux, pour leur donner le puissant secours d'une gare doublement sa-

lutaire en abritant le commerce et en pro-
curant une eau salubre et abondante à la ville
la plus grande et la plus laborieuse de l'Europe ; si à ce bienfait l'on eût ajouté une communication de la Seine avec la Belgique, qui
pourroit devenir la principale artère du commerce de la France ; certes l'exécution de ce
plan, considéré dans l'ordre gradué de la prospérité nationale, auroit bien pu précéder l'é-
tablissement de ce beau monument, quelque superbe, quelque admirable qu'il soit,
dans la hardiesse, le goût et la perfection de
son architecture.

Oui, Paris, cette ville admirable, cette ville
intéressante et par sa position et par sa grande population, renferme tous les élémens de
la plus étonnante prospérité : les arts, les ta-
lens, l'amour du travail, le génie inventeur,
tout y est dans l'attente d'une régénération,
fondée sur la stabilité d'une paix prochaine.

Placée maintenant dans un rayon qui la
met, pour ainsi dire, en équilibre entre le
midi et le nord de la France ; c'est du sein
de cette vaste cité que l'on pourra faire jaillir
la source vivifiante de l'industrie et du commerce, pour en propager les heureux effets

jusque dans les départemens les plus éloignés du centre (1).

S'occuper de la navigation et des routes, assigner au commerce ses ramifications et sa direction capitale, c'est s'attacher aux avantages de l'agriculture et des autres branches de l'industrie. Ils sont le résultat des communications en général. Sully, dont les connoissances en économie politique étoient aussi simples que profondes, disoit que la terre est le premier dépôt de toutes les richesses, du

_____________

(1) La bouffissure dans les idées prête souvent du ridicule aux projets les mieux conçus, sur-tout lorsqu'ils sont présentés sous un faux jour : ce seroit peut-être tomber dans un écueil semblable, si, entraîné par un dangereux engouement, l'on vouloit que Paris devint un port considérable, bientôt un port de mer, même avant l'établissement des communications, qui, avant tout, doivent assurer l'action et la réaction de son commerce.

N'est-ce pas en grande partie dans ce qui existe, qu'il convient de fixer le principe d'un développement, toujours susceptible d'accroissement, lorsque, sans s'écarter de la progression que suggère l'économie politique, l'on se trouve constamment dans une gradation calquée sur les finances de l'Etat.

nécessaire comme du superflu ; c'est donc , disoit-il , dans la multiplication de ces richesses que consiste la principale et la première abondance.

C'est moins dans l'étendue que dans le perfectionnement des labours que cette maxime reçoit son application. Le nombreux bétail de l'Angleterre est le fondement de sa richesse agricole ; il est en même tems le premier élément de ses nombreuses fabriques : la rapidité de la destruction et de la reproduction des bêtes à laine et des bêtes à cornes y est constamment dans une activité si bien proportionnée , que de cet équilibre il résulte invariablement beaucoup d'engrais pour la culture des terres , beaucoup de prairies naturelles ou artificielles , par conséquent beaucoup de champs clos par des plants , enfin beaucoup de matières premières qui soutiennent avantageusement l'industrie manufacturière.

Cette méthode , assez suivie dans les Départemens réunis , pourroit l'être dans l'intérieur de la France : des distinctions , des encouragemens pour les cultivateurs qui eleveroient le plus nombreux bétail dans une com-

mune, ont toujours été des stimulans effi-
caces.

Par le même principe d'émulation , l'on
pourroit encourager les prairies artificielles ,
les plants d'arbres suivant les localités et la
nature du sol ; il seroit même possible d'établir des lois réglementaires qui, tout en conci-
liant l'intérêt des fermiers avec celui des pro-
priétaires, attacheroient les uns et les autres à
l'amélioration de cette branche importante
de l'économie politique.

Mais ce qui appelle singulièrement l'attention du gouvernement , c'est l'effrayante dis-
proportion entre la dévastation et la reproduction des arbres de haute futaie. Cette dis-
proportion, déjà sensible avant la révolution,
prend maintenant un accroissement d'autant
plus alarmant, qu'il tend dans ses effets à dé-
naturer le plus beau sol et à détériorer un des
plus beaux climats de l'Europe.

Il est aussi une espèce de révolution dans
les climats: les endroits les plus mal-sains, les
plus déserts de l'Italie, étoient les cantons les
plus salubres, les plus fréquentés du tems des
Romains ; on observe en Amérique, qu'à mesure que les colonies s'étendent, qu'à mesure

que l'on augmente la cultivation, le climat y devient plus doux et plus tempéré (1).

Les lois forestières, les lois relatives aux mines et minières de la République, devroient opposer une digue à la progression de ce mal; mais les unes et les autres, parfaitement bien conçues en théorie, laissent mille abus dans leur exécution. Le bois est une des matières premières employées dans l'exploitation des mines ; le produit de cette exploitation fait à son tour diminuer la consommation du bois avec un avantage incalculable, dans une circonférence très-étendue : malheureusement la destruction des routes de la Belgique dans la partie la plus féconde en mines, destruction que rien ne peut excuser et qui accuse l'ineptie de ceux qui ont pu l'empêcher, a interverti l'ordre économique de cette combinaison, pour ainsi dire, sponta-

_______________

(1) Chose que l'on remarque encore dans les Andennes, c'est à-dire, terres arides, où ce que l'on appelle pratique des enclos, dont l'exécution appartient à l'économie domestique, produit d'heureux effets, en ce que par cette méthode l'on résiste au souffle destructeur des vents du nord, et l'on attire cet esprit recteur qui est nécessaire à la végétation.

née, lorsque l'action n'en est pas arrêtée.

C'est en s'écartant de ces vérités premières aussi simples que la nature elle-même, que
l'on repousse ses bienfaits et que l'on s'en rend
indigne (1). L'homme dans l'état social est
destiné aux travaux régénérateurs qu'exigent
les productions de la terre ; celle-ci renferme
sans contredit les causes premières de la richesse nationale : porter le travail vers ces
causes premières, c'est lui donner toute sa
valeur, parce qu'en même tems qu'il accroît,
il est reproductif ; mais ôter les routes, ôter
la navigation dans un pays agricole et de mines, c'est paralyser l'industrie, c'est en étein-
dre la cause dans la partie qui doit être la
moins amortie.

L'économie politique, une des premières

---

(1) Ainsi que la religion contemplative, les institutions sociales ont leur métaphysique : les oscillations
d'une législation qui se prête aux illusions d'un mieux-
être imaginaire, sont rarement d'accord avec les con-
seils d'une saine raison. En prenant les hommes et
les choses pour ce qu'ils devroient ou pourroient
être, c'est se préparer le regret de ne pas les avoir
considérés d'après ce qu'ils sont, et très-souvent d'a-
voir commis des fautes quelquefois irréparables.

causes de l'opulence et du bonheur des peuples , est mieux entendue ou mieux suivie en
Prusse, où l'on trouve aussi des mines abondantes et des forêts considérables.

Le gouvernement prussien , s'empressant
de mettre à profit l'imprévoyance des Etats
voisins , prépare la pente d'une commerce
qu'il fonde, sans doute, sur la destruction pro-
gressive des bois et peut-être des mines dans
une grande partie du continent de l'Europe :
il sait que ces deux sources de richesses ont
une corrélation très-étroite ; il sait que l'une
doit être constamment en action , et que, de
cette action non interrompue , naît sa plus
grande prospérité ; il sait que l'autre, au contraire, doit être ménagée par des principes
conservateurs, et que cette conservation est
subordonnée à une constante activité dans
l'exploitation des mines.

Pour parvenir à ce double but , il ne cesse
de porter son attention sur les routes et
la navigation ; par une suite de ce premier
principe, il défend l'emploi du bois dans
les brasseries, dans les fabriques , les teintu-
reries, les fours à chaux et autres établissemens de ce genre : en n'y permettant que l'u-

sage du charbon de terre, il protége l'accroissement de la haute futaie, il conserve ses bois
et il en maintient le bon marché.

Par ce moyen, il accroît aussi l'exploitation
de ses mines, dont l'abondance et la prospérité
sont presque toujours en proportion de l'activité non interrompue dans les travaux : fina-
lement il assure aux extracteurs l'avantage de
vendre constamment le charbon mis au jour ,
en même tems qu'il leur procure la facilité de
s'approvisionner abondamment, et à bon marché, des différentes espèces de bois qui sont la
principale matière de première nécessité dans
les travaux relatifs aux mines.

Il est des Etats en Europe où, par une mar-
che inverse, les pompes aspirantes d'un fisc
élevé sur les ruines de l'économie politique ,
n'ont fait que dessécher les sucs nourriciers
de l'industrie ; où les revenus publics , considérés comme le premier nerf de la guerre ,
ont été avant tout celui de l'intrigue et de
l'ambition ; où l'impéritie et la présomp-
tion , stipendiées avec une profusion scan-
daleuse, n'avoient pas même le talent ou le
courage de prévoir le mal ; où enfin l'ineptie,
armée de l'autorité de la loi qu'elle profanoit,

a laissé des empreintes qui s'effaceront diffi-
cilement.

La France militaire, maintenant au faîte
de sa gloire, montre au milieu de ses triomphes le héros deux fois vainqueur de l'Italie et de l'Autriche ; elle montre ses immortelles armées, qui, après avoir relevé l'éclat de
sa grandeur et de sa force, ont assuré, à Ma-
ringo et aux bords du Danube, les brillan-
tes destinées du Peuple françois.

La France agricole et commerçante, arrêtée, dans le tumulte des armes, par l'apprêt
des combats, par les ouragans de la révolution, n'a pu suivre ses progrès dans la car-
rière du génie ; elle ne tardera pas à s'élever à
la hauteur des changemens survenus dans le
sublime accroissement de son domaine ; elle
n'attend sans doute que le bienfait de la paix
pour concourir efficacement à la régénération
de l'Etat le plus puissant et qui peut devenir
le plus florissant du globe.

De l'imprimerie de H. J. Jansen, rue des Maçons-Sorbonne,
n°. 406.